BEI GRIN MACHT SICH IHR
WISSEN BEZAHLT

- Wir veröffentlichen Ihre Hausarbeit,
  Bachelor- und Masterarbeit

- Ihr eigenes eBook und Buch -
  weltweit in allen wichtigen Shops

- Verdienen Sie an jedem Verkauf

Jetzt bei www.GRIN.com hochladen
und kostenlos publizieren

Bibliografische Information der Deutschen Nationalbibliothek:

Die Deutsche Bibliothek verzeichnet diese Publikation in der Deutschen National-
bibliografie; detaillierte bibliografische Daten sind im Internet über http://dnb.d-
nb.de/ abrufbar.

Impressum:

Copyright © 2015 GRIN Verlag
Druck und Bindung: Books on Demand GmbH, Norderstedt Germany
ISBN: 9783668009158

Dieses Buch bei GRIN:

https://www.grin.com/document/302303

Stefan Claydermann

Aktuelle und zukünftige Rolle der Wirtschaftsinformatik für Unternehmen

GRIN Verlag

"Aktuelle und zukünftige Rolle der Wirtschaftsinformatik für Unternehmen"

Semesterarbeit

im Studiengang Wirtschaftsinformatik

an der Fakultät Wirtschaftsinformatik

Wintersemester 2014/2015

Inhaltsverzeichnis

Abbildungsverzeichnis

1 Einleitung

Die Wirtschaftsinformatik, ein Fach bestehend aus BWL und Informatik. Ein dicker Nerd im Anzug, so scherzte Sebastian Köffer in seinem Science Slam Beitrag am 12. Januar 2012 in Münster. Er meinte damit die Zusammenführung von Rede- und Ausstrahlungs-Kompetenz des BWLers und der technischen Versiertheit und klischeehaften Typisierung eines Informatikers. Weiter sprach er davon, wie nützlich die Wirtschaftsinformatik in unserer praktischen Welt eingesetzt werden kann und welcher Mehrwert sich daraus ergibt. (Schmusbach, 2012)

Doch was genau macht die Wirtschaftsinformatik aus? Welche Rolle spielt die Wirtschaftsinformatik heute in Unternehmen und wie sieht die Zukunft aus? Wenn die WI sich so nützlich in der Praxis einsetzen lässt, wie Sebastian Köffer in seinem Beitrag beschrieb, wie ist das in einem Unternehmen zu erkennen? Sind diese Einsatzgebiete miteinander verbunden, oder vielmehr einzelne zusammenhangslose die stark Umgebungsabhängig sind? Ein Zitat von Dr. Fritz P. Rinnhofer gibt hier einen ersten Startpunkt. Er meint: „Herkunft prägt meistens auch die Zukunft" (Rinnhofer). Betrachten wir demnach die Wurzeln, die Herkunft der WI, so ist es leichter die aktuelle Situation zu verstehen und womöglich auch die Zukunft.

2 Entstehungsgeschichte

Um die Frage der Herkunft klären zu können, suchen wir den Zeitpunkt, an dem die WI zu einem eigenständigen Bereich wurde, und gehen dann mit der Geschichte in Richtung heute, um zu sehen, über welchen Charakter die WI verfügt, oder besser gesagt, in welchem Zusammenhang diese entstand.

Das Buch „Chronik der Wirtschaftsinformatik" von Lutz J. Heinrich möchte ich für diese Ausführung als Grundlage nehmen, da es zeigt, wie der Bedarf nach einer solchen Bindestrich-Disziplin wuchs.

In seinem Buch fanden 16 Selbsterzeugnisse von verschiedenen Personen Platz, die aus Ihrer Perspektive über die Entstehung von WI sprechen. Durch diese Vielfalt und die unterschiedlichen Aussagen ist es schwer möglich, einen genauen Zeitpunkt der Entstehung zu finden. Es ist vor allem deshalb schwer, da sich unter diesen 16 Essayisten wenige befinden, die in den Anfängen, also den 50er und 60er Jahren, dabei gewesen sind. Die Gründerväter, oder Wegbreiter der WI, sind mittlerweile schon fast in Vergessenheit geraten, obwohl sie einen ersten Beitrag zur Entwicklung geleistet haben. Diese ersten Gründerväter forschten z.T. an Operation Research (OR) Instituten, welche zu den ersten Anwendern der Datenverarbeitung gehören. Auch wenn kein Tag oder Ereignis existiert, welches als Grundstein gesehen werden kann, so kann man den dauerhaften Bezug zur Praxis beobachten, der sich durch die gesamte Geschichte zieht. Als klares Jahrzehnt der WI können jedoch die 70er Jahre angegeben werden. Auf verschiedenen Tagungen wurden auf verschiedene WI-Pioniere hingewiesen. (Heinrich, 2011)

So schreibt Heinrich, dass in den 1970er Jahren von diesen 16, für ein Ordinariat berufenen Personen der Betrieblichen Datenverarbeitung (später dann der Betriebs- und Verwaltungsinformatik, heute der WI), sechs nicht habilitiert waren. Es bestand so ein erheblicher Bedarf an Personen für die Lehre, die in der damaligen EDV oder ADV qualifiziert waren, dass einschlägige berufliche Erfahrung aus Tätigkeit in der Praxis einen höheren Qualifikationsgrad darstellte, als die der Habilitation (Heinrich, 2011 S. 51 ff.).

Ein Großteil dieser 16 Personen entstammte dem Bereich der Betriebswirtschaftslehre, des Weiteren füllten auch Vertreter der angewandten Mathematik die Reihen. Zum Zeitpunkt der 70er steckte der Computer noch in den Kinderschuhen, doch stellten diese Gruppen von BWL-lern und Mathematikern sehr bald dessen Potential für Wirtschaft und Verwaltung fest (Heinrich, 2011 S. 213 ff.).

Noch arbeiteten die Gebiete des Operation Research und die der WI nebeneinander her. Während OR sich eher mit Optimierungsmodellen für Datenverarbeitungsaufgaben im kaufmännischen Bereich befasste (S.214), widmete sich die WI u.a. der Entwicklung von ökonomisch-mathematischen Modellen (Heinrich, 2011 S. 216).

Eine beispielhafte Verschmelzung dieser beiden Gebiete erfolgte 1963 in der ehemaligen DDR in mehreren Kolloquien der deutschen Bauakademie Berlin unter dem Titel „Mathematische Methoden und maschinelle Rechentechniken im Bauwesen". Hierbei arbeiteten die beiden Bereiche des OR und der WI gemeinsam zusammen, was als eine der Wurzeln des Kerngebiets der späteren WI hervorgehoben werden kann. (Heinrich, 2011 S. 216)

Ebenfalls im Jahr 1963 wurde das BIFOA (Betriebswirtschaftliches Institut für Organisation und Automation) von Dr. Dr. Erwin Grochla und Dr. Dr. Norbert Szyperski gegründet, da diese bereits damals die Notwendigkeit einer Zusammenarbeit zwischen Wissenschaft und Praxis erkannten (BIFOA, 2015).

Auf diesen Tagungen fanden sich nicht nur Personen mit Hochschulhintergrund. Es hob sich eine andere Gruppe ab, die der EDV-Hersteller, z.B. die IBM Deutschland GmbH und Microsoft, nur um zwei große Hersteller zu nennen. Ein Essayist wird darüber sagen, dass „die EDV-Hersteller somit in der Gründungsphase des Faches WI viel zur Bewusstseinsbildung an den Hochschulen, zur individuellen Unterstützung EDV-interessierter Hochschullehrer/innen, zur Kommunikation zwischen Wissenschaft und Praxis [...] beigetragen haben" (Zitat HANSEN, (Heinrich, 2011 S. 217))

Ist in diesem Zusammenhang der Bezug zwischen Wissenschaft und Praxis als Partnerschaft zu verstehen?

Diese Partnerschaft wird von mehreren Personen beschrieben. So waren Hochschulen eher der passiven Rolle in der Entwicklung der WI zuzuordnen, wobei die EDV-Hersteller den aktiveren Teil einnahmen. Die Hochschulen boten nach Hansen in diesen Jahren entweder fast keine EDV-Ausbildung an oder holten für diesen Zweck externe Lehrbeauftragte ins Haus (Heinrich, 2011 S. 219).

Szyperski schreibt bspw. über den positiven Einfluss der EDV-Hersteller und Anwender und den Treffen des „Informationskreis Organisation und Datenverarbeitung" im Rahmen des BIFOA, „weil in dieser Gruppe eigentlich das ‚Who is Who' der deutschen Großrechner-Zentren vertreten war und wir unsere wissenschaftlichen Anliegen hautnah und sehr informell mit den einflussreichen und äußerst erfahrenen IT-Korvettenkapitänen ausleuchten konnten. Durch diese Kontakte und in Verbindung mit den uns auch finanziell unterstützenden DV Herstellern waren wir natürlich auch über die zu erwartenden technologischen Entwicklungen meist recht gut informiert." (Zitat Szyperski S.219-220)

Dies ist nur ein Auszug aus der Geschichte und liefert uns dennoch ein eindeutiges Bild: Theorie und Praxis gehören zusammen und die Lehre wurde damals stark durch den praktischen Einsatz geprägt. Doch wie sieht es in der heutigen WI aus? Ist sie von dem damaligen Weg abgekommen, den die Gründerväter aus Hochschulen und Wirtschaft eingeschlagen haben? Ist es mittlerweile keine Bindestrichdisziplin mehr zwischen BWL und Informatik?

3 Wirtschaftsinformatik - Heute

3.1 Kommunikation

Wenden wir uns von den 70er Jahren ab und dem heutigen Stand der WI zu. 1999 erschien ein Artikel von Ehrhard F. Heinold. Er schreibt, dass Wissen sich zu einem Produktions- und Wettbewerbsfaktor entwickelt hat. Zudem stellt er die These auf, dass derjenige, der mit diesem Wissen souverän umgeht, gute Karten hat, im internationalen Wettbewerb bestehen zu können. (Heinold, 1999)

Was bedeutet Kommunikation im Zusammenhang mit der WI? Bezüglich der Kommunikation drückt sich das Gabler Wirtschaftslexikon folgendermaßen aus: „Kommunikation ist der Austausch von Botschaften oder Informationen zwischen Personen." (Gabler) Interessant hier bereits zu sehen ist, dass sich in unserer täglichen Kommunikation bereits der Umgang mit Technik unbewusst eingeprägt hat.

Im Gabler wird die Kommunikation weiter, nun aber im Zusammenhang mit der Arbeit im Unternehmen, beschrieben. Führungskräfte sollen demnach einen großen Anteil ihrer Arbeitszeit mit Kommunikation verbringen. (Gabler, 2015)

3.2 Wissensmanagement

Doch Kommunikation ist nicht alles. Greifen wir noch einmal die These von Ehrhard F. Heinold auf, dass die, die mit dem Wissen souverän umzugehen wissen, es leichter haben. Eine Definition des Wortes „souverän" bringt Klarheit in der Bedeutung dieses Satzes, denn es bedeutet „darüber befindlich, überlegen" (Duden, 2015). Zusammenfassend also: Wer Herr über das Wissen ist, wird sich Vorteile erschließen können.

Spinnen wir den Gedanken weiter, landen wir bei der konkreten Umsetzung dieses Satzes im Wissensmanagement. Die Japaner Nonaka und Takeuchi veröffentlichten 1995 ein Buch, indem auch das sog. „SECI-Modell" beschrieben wird. Dieses Modell beschreibt den Weg des „Wissens", von einem Individuum (Implizites Wissen) zu einer Gruppe (explizites Wissen) vermittelt, und schließlich wieder, den Kreislauf schließend, beim Individuum (Implizit) endet (siehe Abb 1.).

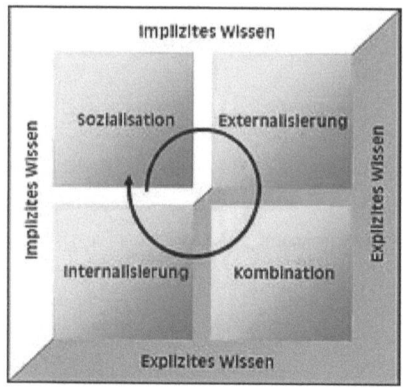

Abbildung 1 SECI-Modell (Wikipedia) [1]

Mit diesem Modell geben Nonaka und Takeuchi den Umsetzern ein Modell an die Hand, wie sie theoretisch die Kontrolle über das Wissen erlangen können.

Die Sozialisation ist von impliziten zum impliziten Wissen, die Externalisierung, der Transfer vom impliziten zum expliziten Wissen, die Kombination die Ergänzung des expliziten Wissens mit anderem expliziten Wissen und die Internalisierung der Transfer von explizitem zu impliziten Wissen (Ikujiro Nonaka, 2012 S. 79).

So kann bspw. ein Mitarbeiter durch seine Arbeit Wissen aufbauen, welches für seine Arbeit essentiell ist. Dieses gibt er an andere, einzelne Mitarbeiter weiter, z.B. im Gespräch am Kaffeeautomaten (Sozialisierung). Bei einem Treffen mit mehreren Kollegen kann dieses Wissen in einer Gruppe übermittelt werden (Externalisierung). Diese Gruppe gibt dieses Wissen nun in der Organisation weiter (Kombination) und kann durch andere Erkenntnisstände ergänzt werden. Dieses neu formulierte Wissen kann nun von einzelnen Individuen aufgenommen werden (Internalisierung). Für ein Unternehmen ist diese Form der Wissensweitergabe z.T. existenziell wichtig, da eine Abwanderung des Wissens, oft personengebunden, ein operatives Risiko darstellt. (Imkamp, 2013)

Dass Wissensmanagement in den Unternehmen als wichtig empfunden wird und einen höheren Stellenwert einnimmt, geht aus einer Statistik von Statista hervor:

---

[1]   http://upload.wikimedia.org/wikipedia/de/thumb/1/19/SECI-Modell.jpg/300px-SECI-Modell.jpg

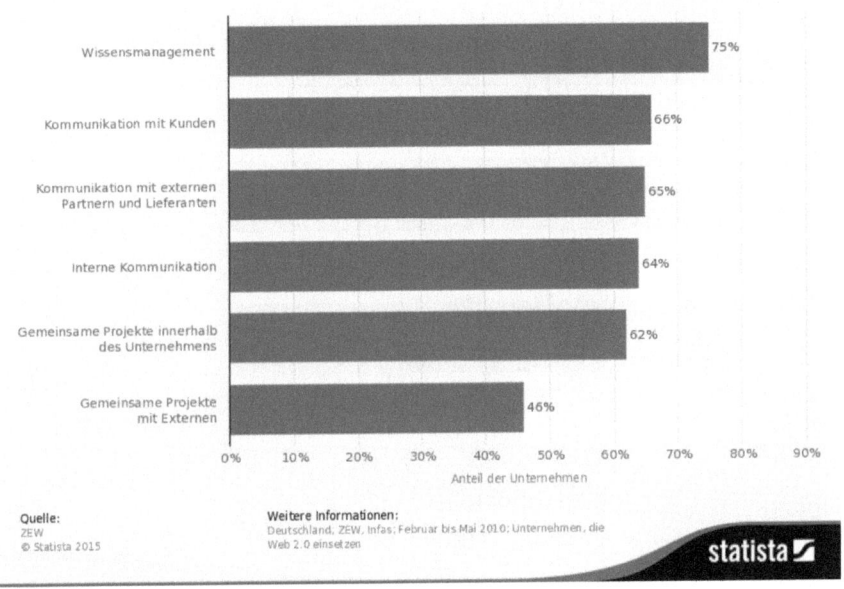

Einsatzzweck von Web 2.0 Anwendungen in deutschen Unternehmen im Jahr 2010

Wissensmanagement — 75%

Kommunikation mit Kunden — 66%

Kommunikation mit externen Partnern und Lieferanten — 65%

Interne Kommunikation — 64%

Gemeinsame Projekte innerhalb des Unternehmens — 62%

Gemeinsame Projekte mit Externen — 46%

Anteil der Unternehmen

Quelle:
ZEW
© Statista 2015

Weitere Informationen:
Deutschland; ZEW; Infas; Februar bis Mai 2010; Unternehmen, die Web 2.0 einsetzen

statista

Abbildung 2 Einsatzzweck von WEB 2.0 Anwendungen (Statista, 2015) [2]

Hier ist zu sehen, dass 75% der Unternehmen, die "Web 2.0" einsetzen, auch Wissensmanagement-Anwendungen im Einsatz haben. In welchem Umfang Unternehmen aus verschiedenen Branchen Web 2.0 im Einsatz haben, geht aus einer weiteren Statistik von Statista hervor. Es liegen somit IT-Dienste und Telekommunikation mit 62% an der Spitze.

---

[2] http://de.statista.com/statistik/daten/studie/179393/umfrage/einsatzbereiche-von-web-20-anwendungen-in-deutschen-unternehmen/

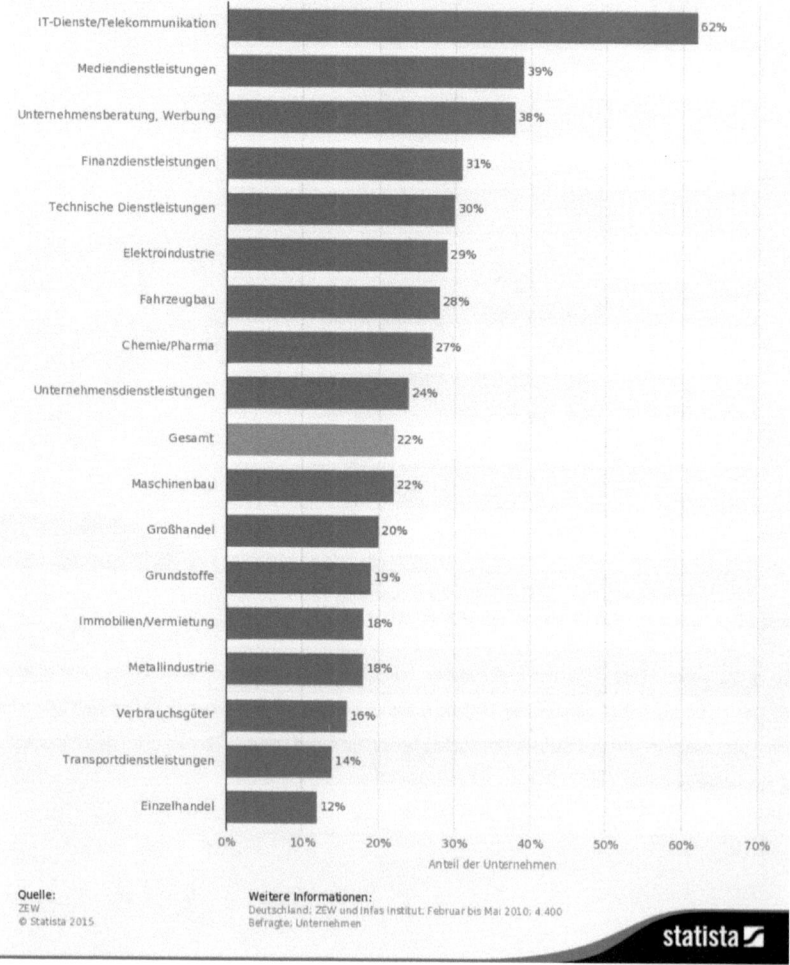

Anteil der deutschen Unternehmen mit Einsatz von Web 2.0 Anwendungen im Jahr 2010 in ausgewählten Branchen

Branche	Anteil
IT-Dienste/Telekommunikation	62%
Mediendienstleistungen	39%
Unternehmensberatung, Werbung	38%
Finanzdienstleistungen	31%
Technische Dienstleistungen	30%
Elektroindustrie	29%
Fahrzeugbau	28%
Chemie/Pharma	27%
Unternehmensdienstleistungen	24%
Gesamt	22%
Maschinenbau	22%
Großhandel	20%
Grundstoffe	19%
Immobilien/Vermietung	18%
Metallindustrie	18%
Verbrauchsgüter	16%
Transportdienstleistungen	14%
Einzelhandel	12%

Anteil der Unternehmen

Quelle:
ZEW
© Statista 2015

Weitere Informationen:
Deutschland; ZEW und Infas Institut; Februar bis Mai 2010; 4.400
Befragte; Unternehmen

statista

Abbildung 3 Anteil von dt. Web 2.0 Anwendern (Statista)[3]

[3] http://de.statista.com/statistik/daten/studie/178677/umfrage/unternehmen-mit-nutzung-von-web-20-anwendungen-nach-branchen/

Das Gabler Wirtschaftslexikon definiert Web 2.0 nicht als neue Art der Technologie, sondern als eine Weiterentwicklung des Internets von der Informationsweitergabe und des Verkaufs von Produkten durch „die Beteiligung der Nutzer am Web und die Generierung weiteren Zusatznutzens" (Gabler).

Was hat dies nun aber mit der WI zu tun bzw. mit den Erwartungen der Unternehmen? Eine interessante Frage, schauen wir uns folgendes Szenario an. Ein Unternehmen hat einen eigenen Server, auf den alle Mitarbeiter des Unternehmens Zugriff haben und auf dem viele ihre eigenen Daten ablegen, um diese für Gruppenmitglieder freizugeben. Dieser Server ist nach einer Zeit so gut mit Informationen gefüllt, dass nur ein Ansprechen der damals an einem Projekt beteiligten Person weiterhilft, um ein bestimmtes Dokument in adäquater Zeit zu finden. Ist diese Person nicht vorhanden, mutiert die Suche zur Herkules Aufgabe. Dementsprechend, nach dem SECI-Modell, soll es möglich sein, eine Information zu finden, auch wenn die Option des Ansprechens einer Person nicht existiert, also ein Zugriff auf explizites Wissen nicht gegeben ist. In der Praxis kann dies konkret umgesetzt werden, indem Dokumente, die Ergebnisse dokumentieren, nach Meta-Informationen (Autor, und etlichen anderen Informationen) archiviert werden (Nico de Abreau, 2006 S. 164). Zur Archivierung dienen Datenbanken, die mittels verschiedener Algorithmen erzeugt und durchsucht werden und dem Nutzer so die gewünschten Informationen zur Verfügung stellen zu können (Bendzka, 2014 S. 70 ff.).

3.3   Datenbanken

Einer Definition des Oldenburgischen Wissenschaftsverlags nach ist eine Datenbank „ein weit verbreitetes technisches Hilfsmittel zur effizienten, rechnergestützten Organisation, Speicherung, Manipulation, Integration und Verwaltung großer Datensammlungen. Sie basieren auf der Idee, Daten über die reale Welt, welche von Anwendungsprogrammen verarbeitet werden, als von diesen Programmen unabhängige und integrierte Ressource zu behandeln, und stellen dazu spezifische Funktionalität bereit." (Wissenschaftsverlag, Oldenburgscher, 2012). Datenbanken bieten also eine Möglichkeit, riesige Mengen und Rohdaten abzulegen, abzufragen oder bearbeiten zu können.

Referenzieren wir die Funktionsweise einer Datenbank auf eine Pyramide (siehe Abb.3). Die unterste Ebene besteht aus Daten, den „Rohmaterialien". Die Eigenschaft von Daten ist, dass diese messbar, aber auch strukturiert und sortierbar sind und damit abgelegt werden können. Mittels einer Semantik können aus diesen Daten Informationen gebildet und Zusammenhänge erklärt werden. Das Wissen findet in der obersten Ebene Platz. Wissen entsteht durch die Verknüpfung von Informationen durch verschiedene Faktoren, wie Erfahrung, Wertvorstellungen, Fachkenntnisse, u.v.m. (Raffael, 2015)

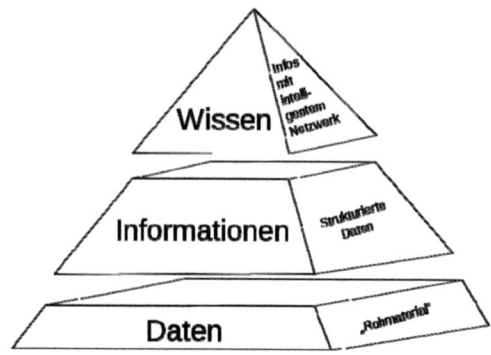

Abbildung 4 Wissenspyramide (Wikipedia)[4]

3.4 Business Intelligence

Beim Anblick der Wissenspyramide mag der Leser auch unwillkürlich an den Aufbau von BI-Systemen erinnert werden, wenn man einmal die Vorsysteme außer Acht lässt (vgl. Bauer, A., Günzel, H. 2004: „Data Warehouse Systeme: Architektur, Entwicklung, Anwendung", 2. überarb. und aktual. Auflage, 2004). Hier gibt es eine ähnliche Struktur: die Speicherung von Rohdaten in Datenbanken, die Aufbereitung der Daten, bspw. in OLAP (On-line Analytical Processing) und anschließend die Darstellung derselben in Dashboards, welche wiederum einen Aufschluss über Situation, oder eine Interpretation zulassen.

Wir haben die Aussage von Ehrhard F. Heinold, die wir zu Beginn dieser Arbeit als Ausgangspunkt genommen haben, analysiert und mit dem aktuellen Stand verglichen. Wir haben die Bedeutsamkeit der Kommunikation für Unternehmen betrachtet, dass die Speicherung der daraus gewonnenen Ergebnisse für ein Unternehmen von enormer Dringlichkeit ist, die technische Grundlage, auf der diese Speicherung beruht, angesehen, und zu guter Letzt eine Sichtweise gefunden, die zeigt, dass gespeicherte Informationen nicht tot sind, sondern auch in der Lage sind, über die Auswertung ihrer Masse zu weiteren Ergebnissen zu gelangen.

Was ist nun aber über die konkrete Anforderung der Unternehmen an die WI zu sagen? Betrachten wir dazu eine Statistik von 2007, welche veranschaulicht, in welchem Rahmen Unternehmen zu diesem Zeitpunkt BI-Software eingesetzt haben, bzw. vorhaben diese in der Zukunft einzusetzen.

---

[4] http://upload.wikimedia.org/wikipedia/commons/thumb/4/41/Wissenspyramide.svg/758px-Wissenspyramide.svg.png

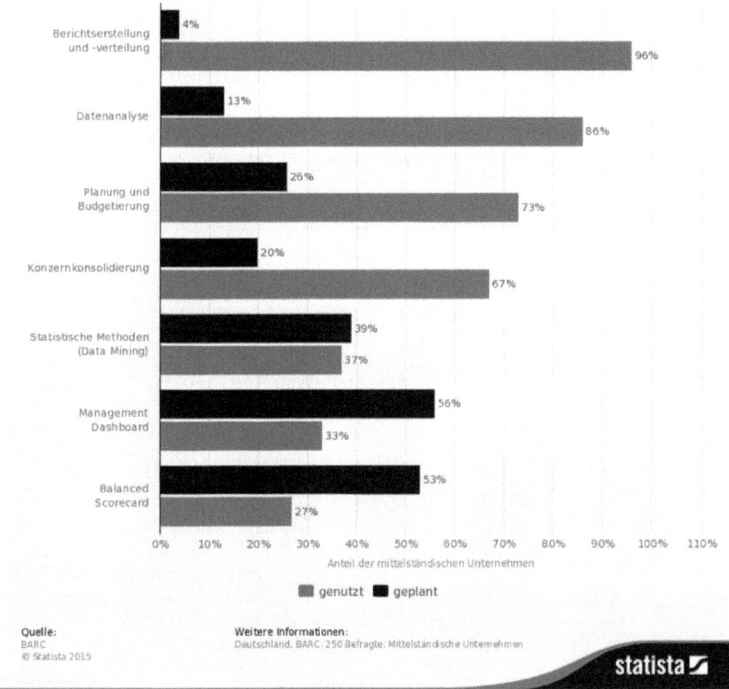

Aktuelle und geplante Nutzung von Business-Intelligence-Software in mittelständischen Unternehmen nach Aufgabenbereichen im Jahr 2007

Berichtserstellung und -verteilung: genutzt 4%, geplant 96%
Datenanalyse: genutzt 13%, geplant 86%
Planung und Budgetierung: genutzt 26%, geplant 73%
Konzernkonsolidierung: genutzt 20%, geplant 67%
Statistische Methoden (Data Mining): genutzt 39%, geplant 37%
Management Dashboard: genutzt 56%, geplant 33%
Balanced Scorecard: genutzt 53%, geplant 27%

Anteil der mittelständischen Unternehmen

■ genutzt ■ geplant

Quelle:
BARC
© Statista 2015

Weitere Informationen:
Deutschland; BARC; 250 Befragte; Mittelständische Unternehmen

statista ⚡

Abbildung 5 Aktueller und geplanter Einsatz von BI-Software (2015) (Statista, 2015)[5]

Schauen wir uns die ersten vier Punkte an, so fällt auf, dass sich diese sehr mit ihrem bestehenden Anteil mit der Entwicklung der WI decken. Bei diesen handelt es sich um ältere Verfahrensweisen, die schon seit längerer Zeit angewandt werden. Die verbleibenden drei Punkte (Data Mining, Management Dashboards und Balanced Score-card) sind Punkte mit wenig aktuellem Bestand, aber einem, im Vergleich dazu sehr hohen geplanten Ausbau des Einsatzes. Recherchieren wir diese Begrifflichkeiten, so treffen wir erste Nennungen 1989 (Wikipedia) bzw. 1990 (Wikipedia) an, die den Schluss zulassen, dass neue Anforderungen aufgegriffen und für Unternehmen in Form von Software zur Verfügung gestellt werden.

---

[5] http://de.statista.com/statistik/daten/studie/161484/umfrage/aufgabenbereiche-von-bi-software-in-mittelstaendischen-unternehmen/

Eine Statistik, die mit den Messungen des Umsatzes von BI-Software ein Jahr später begann und über einen Zeitraum von sechs Jahren ging, belegt das. Der Umsatz bei BI-Software Herstellern ging zwischen 2008 und 2013 stetig nach oben.

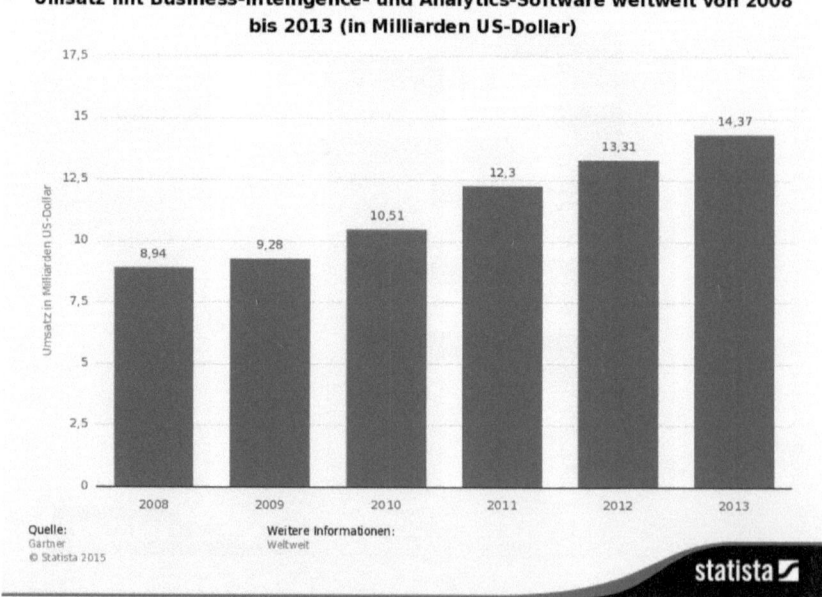

Abbildung 6 (Umsatz mit BI-, und Analytics Software (2015) (Statista, 2015)[6]

Abgesehen von BI- und Wissensmanagementlösungen hat sich die WI auch anderen Themengebieten, wie den Informations- und Kommunikationssystemen und dem Prozessmanagement, verschrieben. Ein weiteres Schlagwort in dem Gebiet der WI sind PPS (Produktionsplanungssysteme)

---

[6] http://de.statista.com/statistik/daten/studie/259969/umfrage/umsatz-mit-business-intelligence-und-analytics-software-weltweit/

3.5 PPS

Produktionsplanungssysteme werden ebenfalls in der WI eingeordnet. Unter PPS wird die Unterstützung der operativen Planung und Steuerung durch den Einsatz von computergestützter Produktionsplanungs- und Steuerungssystemen verstanden. Bekannte Systeme hierzu sind Lösungen von SAP, Oracle, Microsoft und IBM.

Der Aufbau der meisten PPS umfasst: Siehe (Gabler, 2015)

1. Grunddatenverwaltung: Informationen über alle Grundlegenden Einflüsse, Produktionszeiten, Kosten und Produkt/ Komponenten /Teileinformationen.
2. Primärbedarfsplanung: Ermittlung der zukünftigen Absatzzahlen, unter Einbezug der aktuellen Kundenaufträge.
3. Bedarfsplanung: Untersuchung der Menge an Hilfsgüter (Sekundärbedarf), die für die Produktion benötigt werden.
4. Lagerbestandsführung: Überwachung der Materialbestandsbewegungen und aller Arten von Beständen.
5. Bestellwesen: Beinhaltet Planung und Beschaffung von Material und Kontakt zu (neuen) Lieferanten.
6. Durchlaufterminierung: Erstellen eines Zeitplanes, der aus einer Summe aller Arbeitsschritte für das zu fertigende Produkt besteht.
7. Kapazitätsplanung: Überwachung der Auslastung an Aufträgen pro Produktionslinie. Beinhaltet mögliche Umschichtung der Aufträge in einen anderen zeitlichen Rahmen.
8. Verfügbarkeitsprüfung: Überprüfung der Bestände und Produktionsmittel, ob ein Auftrag zur Produktion freigegeben werden kann.
9. Feinterminierung: Priorisierung und Zuordnung von Aufträgen auf Produktionsmittel.
10. Auftragsfortschrittkontrolle: Informationen die erstellt werden, während der Auftrag die Produktion durchläuft. (Gabler, 2015)

Wie man an den eben aufgezählten Punkten erkennen kann, ergibt sich ein enger Bezug zwischen den Betriebswirtschaftlichen Abläufen und der Nutzung von IT-Systemen, den Kerngebieten der WI. Ein in diesem Zusammenhang sehens- und erwähnenswertes Modell ist das „Y-CIM" von A.-W. Scheer, welches das Zusammenspiel von technischen und kaufmännischen Funktionen darste0llt (Scheer, 2015).

4 Anforderungen für die Zukunft

Richten wir den Fokus von heute auf morgen und schauen, in welche möglichen Aufgabengebiete die WI in der Zukunft eintauchen wird.

4.1 WEB 2.0

Ein gewisser Schock löste Googles CEO Eric Schmidt mit dem Satz „Das Internet um uns wird verschwinden" am 23.1.2015 aus. (news, 2015) Seine aufsehenerregende Prognose für die Zukunft bedeutet nicht die Abschaltung des Internets, sondern die nicht zu bemerkende Eingliederung des Internets in unsere Realität. Unzählige Sensoren und Geräte beeinflussen über das Internet unsere Realität (news, 2015). Durch ihre Aktivitäten produzieren diese eine Schwemme von Datenmengen, die irgendjemand verarbeiten muss, um einen Nutzen daraus ziehen zu können. Die Anspielung des Google CEO auf das kommende Internet der Dinge (WEB 2.0) greifen wir auf und übertragen diese Vorstellung nicht, wie Eric Schmidt, auf private Anwender, sondern vielmehr auf große Unternehmen und deren Produktionen, die Partnerschaft die die WI über Jahrzehnte nun geprägt hat.

4.2 Industrie 4.0

Schauen wir uns ein weiteres mögliches Bespiel an, in welches die WI involviert werden könnte. Der Bezug zur Industrie 4.0 ergibt sich aus dem Gebiet der PPS. Industrie 4.0 ist ein Begriff, der folgendermaßen beschrieben wird:

„Die Objekte werden intelligent. Sie tragen Barcodes oder RFID-Chips auf der Oberfläche, die die entsprechenden Informationen enthalten. Scanner und Computer lesen die Daten aus, übermitteln sie online weiter – und sorgen dafür, dass die Maschinen richtig agieren. Auf diese Weise kommunizieren die smarten Objekte miteinander. Es entsteht ein Internet der Dinge und Dienste. Die physikalische Welt und die virtuelle Welt verschmelzen zu cyberphysischen Systemen." (Plattform Industrie 4.0, 2015)

Aus dieser Definition lässt sich schließen, dass es unter anderem eine Weiterführung und Modernisierung vorhandener PPS-Systeme ist. Eine Herausforderung, die sich bei der Anpassung der Produktionsstraße an das Produkt ergeben könnte, ist das der „Just- in-Sequence" Belieferung, da sich andernfalls zu große Bestände an der Produktionsstraße einfinden könnten.

4.3 Business Intelligence / Decision Intelligence

„Business Intelligence ist ein weitreichender Begriff, wobei unter diesem Begriff altbekannte Prozesse ablaufen. Die bekanntesten Prozesse sind u. A.: Analyse, Berichterstattung, Supply-Chain Management, CRM, Warenwirtschaft. Die Werkzeuge sind ebenfalls bekannt, wie Excel und werden meistens auch für die Analyse verwendet. Die Zukunft der Business Intelligence wird mit der Verschmelzung von Knowledge Management in Richtung Decision

Intelligence gehen. Das ist sogar notwendig, damit das Management besser und schneller entscheiden kann."
(Danis, 2014 S. 73).

Die sich hieraus ergebende Entwicklung wird mit dem Business Intelligence gehen, also auch mit der WI. Ein Anbieter von Decision Intelligence Lösungen meint, dass es mit diesem Einsatz möglich ist, genaue, schnelle und sichere Entscheidungen fällen zu können (Empolis).

5 Fazit/Ausblick

Zu Beginn dieser Ausarbeitung haben wir die Frage gestellt, welche Rolle die WI für Unternehmen heutzutage einnimmt und wie diese Rolle für die Zukunft aussehen wird. Wir begaben uns für eine kurze Zeit in die Anfänge der WI und fanden heraus, dass die WI bereits in sehr frühen Jahren enge Beziehungen zur Praxis, also zu den Unternehmen, gepflegt hat. Man könnte auch die These aufstellen, dass Unternehmen die WI damals geschaffen haben, da es keine Disziplin vermochte, die aufkommenden Anforderungen zu erfüllen. Daher auch die besondere Förderung, die in der Entstehungszeit durch verschiedene Unternehmen zu beobachten war. Des Weiteren nahmen wir uns am Beispiel des Wissensmanagements vor, wie vernetzt und allgemein die Aufgabengebiete der WI sind. Dabei begannen wir mit dem Problem der Konservierung und der Zurverfügungstellung von Wissen und kamen über Datenbanken zu den BI-Systemen. Ein weiterer Punkt, in dem die WI involviert ist, die PPS, wurde kurz angeschnitten. Wobei auch dort wieder eine längere Erklärung der Zusammenhänge zur WI ausgeführt hätte werden können, was Potential für eine weitere, eigenständige Arbeit geben könnte. Zu Letzt folgten aktuelle Aussagen und mögliche kommende Einsatzgebiete, die eine direkte, praktische Herausforderung an die WI äußern.

Der Fokus dieser Hausarbeit lag klar bei der Beziehung zur Praxis, der Bezug zu Universitäten und Hochschulen blieb dabei außen vor. Ob die WI jedoch eine Tendenz äußert, zu einer Forschungsdisziplin zu mutieren, wäre eine weitere, interessante Frage, da sich deren Resultat auf die eben erschlossene Kompatibilität mit Unternehmen stark auswirken könnte.

In Bezug zur Aussage, welche Rolle die WI in der heutigen Zeit in Unternehmen einnimmt, so kann aber gesagt werden, dass die WI sich nach wie vor an die Herausforderungen der Unternehmen anpasst. Auch ein Blick in die Zukunft lässt erkennen, dass die WI bestens gerüstet ist, um mit bestehenden Mitteln weiterhin ein treuer Wegbegleiter der Unternehmen zu bleiben, da sie, genau wie Unternehmen, mit den Herausforderungen wächst.

Literaturverzeichnis

4.0, Plattform Industrie. 2015. Plattform Industrie 4.0. *Plattform Industrie 4.0.* [Online] 18. Februar 2015. http://www.plattform-i40.de/hintergrund/visionen.

Bendzka, Lars. 2014. *Integration von relationalen Datenbanken zu föderierten Systemen .* s.l. : Diplom.de, 2014.

BIFOA. 2015. BIFOA. *BIFOA.* [Online] 12. Februar 2015. http://www.bifoa.de/ziele/.

Danis, Serdar. 2014. *Informationsmanagement und Business Intelligence: Business Intelligence Systeme in mittelständischen Unternehmen.* Hamburg : Diplomica Verlag, 2014.

Duden. 2015. Duden. *Duden.* [Online] 15. Januar 2015. http://www.duden.de/rechtschreibung/souveraen.

Empolis. Decision Intelligence. *Empolis.* [Online] [Zitat vom: 22. Februar 2015.] http://www.empolis.com/smart-information-management/loesungen/decision-intelligence.html.

Gabler. Definition Kommunikation. *Gabler Wirtschaftslexikon.* [Online] [Zitat vom: 10. Januar 2015.] http://wirtschaftslexikon.gabler.de/Definition/kommunikation.html.

—. Definition Web 2.0. *Gabler Wirtschaftslexikon.* [Online] [Zitat vom: 15. Januar 2015.] http://wirtschaftslexikon.gabler.de/Definition/web-2-0.html.

—. 2015. Definition Wirtschaftsinformatik. *Gabler Wirtschaftslexikon.* [Online] 14. Januar 2015. http://wirtschaftslexikon.gabler.de/Definition/kommunikation.html.

—. 2015. PPS. *Gabler Wirtschaftsslexikon.* [Online] 19. Februar 2015. http://wirtschaftslexikon.gabler.de/Definition/pps-system.html.

Heinold, Ehrhardt F. 1999. Buchreport Nr. 35/1999. *hs partner.* [Online] 2. September 1999. [Zitat vom: 5. Februar 2015.] http://www.hspartner.de/jsp292/source/site/content/publikationen/fachartikel/Intranet.pdf.

Heinrich, Lutz J. 2011. *Geschichte der Wirtschaftsinformatik.* Heidelberg : Springer Verlag, 2011. 978-3-642-16858-1.

Ikujiro Nonaka, Hirotaka Takeuchi. 2012. *Die Organisation des Wissens: Wie japanische Unternehmen eine brachliegende Ressource nutzbar machen.* s.l. : Campus Verlag GmbH, 2012.

Imkamp, Bernadette. 2013. Wie sie erfolgskritisches Wissen im Unternehmen halten. *Springerprofessional.* [Online] 25. Oktober 2013. [Zitat vom: 16. Januar 2015.] http://www.springerprofessional.de/wie-sie-erfolgskritisches-wissen-im-unternehmen-halten/4745678.html.

news, Chip. 2015. Chip. [Online] 20. Januar 2015. http://www.chip.de/news/Das-Internet-wird-verschwinden-Google-Chef-erklaert-Technik-Zukunft_75851123.html.

Nico de Abreau, Christine von Blanckenburg, Hans-Liduger Diniel, Heiner Legewie. 2006. *Neue Wissensbasierte Diestleistungen im Wissenscoaching und in der Wissensstrukturierung.* Berlin : technische Universität Berlin, 2006.

Raffael. 2015. Wissenpyramide. *Der Wirtschaftsinformatiker.* [Online] 22. Februar 2015. http://derwirtschaftsinformatiker.de/2012/09/12/it-management/wissenspyramide-wiki/.

Rinnhofer, Dr. Frit P. Zitate.eu. [Online] [Zitat vom: 23. Februar 2015.] http://www.zitate.eu/de/zitat/234860/fritz-p.-rinnhofer.

Scheer, A.- W. 2015. Y-CIM Modell. *geocities.* [Online] 19. Februar 2015. http://www.geocities.ws/cimahi99/Abb10.gif.

Schmusbach. 2012. *Science Slam Gewinnerbeitrag.* [Interpr.] Sebastian Köffer. Youtube, 2012.

Statista. 2015. Aktueller und geplanter Einsatz von BI-Software . *Statista.* [Online] 2015. [Zitat vom: 29. Januar 2015.] http://de.statista.com/statistik/daten/studie/161484/umfrage/aufgabenbereiche-von-bi-software-in-mittelstaendischen-unternehmen/.

—. Anteil von dt. Web 2.0 Anwendern. *Statista.* [Online] [Zitat vom: 25. Februar 2015.] http://de.statista.com/statistik/daten/studie/178677/umfrage/unternehmen-mit-nutzung-von-web-20-anwendungen-nach-branchen/.

—. 2015. Einsatzzweck von Web 2.0 Anwendungen. *Statista.* [Online] 2015. [Zitat vom: 29. Januar 2015.] http://de.statista.com/statistik/daten/studie/179393/umfrage/einsatzbereiche-von-web-20-anwendungen-in-deutschen-unternehmen/.

—. 2015. Umsatz mit BI-Software. *Statista.* [Online] 2015. [Zitat vom: 29. Januar 2015.] http://de.statista.com/statistik/daten/studie/259969/umfrage/umsatz-mit-business-intelligence-und-analytics-software-weltweit/.

Wikipedia. Balanced Scorecard. *Wikipedia.* [Online] [Zitat vom: 8. Februar 2015.] https://de.wikipedia.org/wiki/Balanced_Scorecard.

—. Data mining. *Wikipedia.* [Online] [Zitat vom: 8. Februar 2015.] https://de.wikipedia.org/wiki/Data-Mining.

—. SECI- Modell. *Wikipedia.* [Online] [Zitat vom: 14. Januar 2015.] http://upload.wikimedia.org/wikipedia/de/thumb/1/19/SECI-Modell.jpg/300px-SECI-Modell.jpg.

—. Wissenspyramide. [Online] [Zitat vom: 29. Januar 2015.] http://upload.wikimedia.org/wikipedia/commons/thumb/4/41/Wissenspyramide.svg/758px-Wissenspyramide.svg.png.

Wissenschaftsverlag, Oldenburgscher. 2012. Datenbanken. *Enzyklopaedie der Wirtschaftsinformatik.* [Online] 23. Oktober 2012. [Zitat vom: 26. Januar 2015.] http://www.enzyklopaedie-der-wirtschaftsinformatik.de/wi-enzyklopaedie/lexikon/daten-wissen/Datenmanagement/Datenbanksystem.

Abkürzungsverzeichnis

bzw.	beziehungsweise
etc.	et cetera
usw.	und so weiter
z. B.	zum Beispiel
u. A.	unter Anderem
bspw.	beispielsweise
WI	Wirtschaftsinformatik
BWL	Betriebswirtschaftslehre
PPS	Produktionsplanungssysteme
BI	Business Intelligence